LOS CAZADORES DE ALCES

POR KARA RACE-MOORE

ILUSTRADO POR JERRY TIRITILLI

Scott Foresman
is an imprint of

Glenview, Illinois • Boston, Massachusetts • Chandler, Arizona
Upper Saddle River, New Jersey

Every effort has been made to secure permission and provide appropriate credit for photographic material. The publisher deeply regrets any omission and pledges to correct errors called to its attention in subsequent editions.

Unless otherwise acknowledged, all photographs are the property of Pearson.

Photo locations denoted as follows: Top (T), Center (C), Bottom (B), Left (L), Right (R), Background (Bkgd).

Illustrations by Jerry Tiritilli.

Photographs 12(c) Dorling Kindersley.

ISBN 13: 978-0-328-53538-5
ISBN 10:   0-328-53538-9

Copyright © by Pearson Education, Inc., or its affiliates. All rights reserved. Printed in the United States of America. This publication is protected by copyright, and permission should be obtained from the publisher prior to any prohibited reproduction, storage in a retrieval system, or transmission in any form or by any means, electronic, mechanical, photocopying, recording, or likewise. For information regarding permissions, write to Pearson Curriculum Rights & Permissions, One Lake Street, Upper Saddle River, New Jersey 07458.

Pearson® is a trademark, in the U.S. and/or other countries, of Pearson plc or its affiliates.

Scott Foresman® is a trademark, in the U.S. and/or other countries, of Pearson Education, Inc., or its affiliates.

2 3 4 5 6 7 8 9 10 V0N4 13 12 11 10

El pueblo snohomish vive todavía en lo que hoy conocemos como el estado de Washington. Han vivido ahí por mucho tiempo. Antiguamente, eran conocidos como cazadores de alces, mamíferos de cuya carne se alimentaban. Hacían ropa con la piel de los alces, y herramientas, armas y arte con sus cuernos.

Los alces eran muy importantes para los snohomish. Incluso pasaron a formar parte de una constelación. La siguiente historia explica cómo sucedió. Cuenta lo que los snohomish vieron en el cielo nocturno. También es un homenaje a los alces que cazaban.

   Los snohomish dicen que el Creador fue de este a oeste. En el camino creó la tierra. Le dio a la gente distintos idiomas que hicieron posible que la gente se entendiera.
   El Creador se detuvo cuando llegó a la tierra de los snohomish. Allí dejó los idiomas que le sobraban.

¡Había muchos idiomas! Nadie podía entender a nadie. La gente era infeliz por esto y porque el Creador no había hecho el cielo lo suficientemente alto. Las personas se golpeaban la cabeza contra las estrellas. Tampoco era fácil moverse.

Las personas se reunieron y acordaron empujar el cielo hacia arriba. ¡Pero ninguno de ellos hablaba el mismo idioma!

—¿Cómo sabremos cuándo empujar? —preguntó uno de los jefes.

—Podemos usar una palabra como señal para comenzar a empujar —dijo otro jefe.

Decidieron usar la palabra *yu-juu*. Significaría "levantar juntos".

Los jefes explicaron el plan. Las personas hicieron postes con abetos y otros árboles altos. Cuando escucharan la señal, empujarían y subirían el cielo con sus postes. Cuando escucharon la palabra *yu-juu*, empujaron el cielo. Empujaron tan fuerte como pudieron. ¡Y subieron el cielo!

Mientras todos empujaban, tres cazadores perseguían cuatro alces. Estos cazadores no habían estado cuando se explicó el plan. No podían imaginarse lo que estaba sucediendo.

Justo cuando la gente había comenzado a empujar, los cuatro alces llegaron a un lugar donde el cielo tocaba la tierra. Los alces corrieron hacia el cielo. ¡Los cazadores los siguieron!

    Los alces y los cazadores querían regresar del cielo. ¡Era muy tarde! Estaban atrapados. Después de un tiempo se convirtieron en siete estrellas que se abrieron en el cielo.

    Las personas llaman Osa Mayor a estas siete estrellas. Parece que los cazadores se mueven durante el año. En el otoño, andan por la parte baja del cielo.

Cuando las personas trabajan juntas, todavía gritan "*¡yu-juu!*". Lo gritan cuando se necesita que todos hagan un esfuerzo en un trabajo duro.

Cuando las personas trabajan juntas se pueden hacer grandes cosas. Ésa es la lección de la historia de los snohomish.

Constelaciones

Las estrellas en el cielo parecen moverse cuando uno las mira. Parecen moverse porque la Tierra se mueve alrededor del Sol.

¿Has escuchado alguna vez a algún narrador contar historias sobre constelaciones? La gente hace constelaciones al dibujar líneas imaginarias entre las estrellas.

Por miles de años las personas han creado historias acerca de las estrellas. La Osa Mayor es un conjunto de estrellas. Forma parte de otra constelación. Tiene muchos nombres y muchas historias. El pueblo snohomish la llama Cazadores de Alces.